D0846220

CIENCIA
ASOMBROSA

Altas y bajas, blancas y grises

Un libro sobre las nubes

por Dana Meachen Rau   ilustrado por Denise Shea   Traducción: Sol Robledo

PICTURE WINDOW BOOKS
Minneapolis, Minnesota

Agradecemos a nuestros asesores por su pericia,
investigación y asesoramiento:

Dr. Stanley P. Jones, Director Adjunto
NASA-sponsored Classroom of the Future Program

Susan Kesselring, M.A., Alfabetizadora
Rosemount-Apple Valley-Eagan (Minnesota) School District

Dirección editorial: Carol Jones
Dirección ejecutiva: Catherine Neitge
Dirección creativa: Keith Griffin
Redacción: Christianne Jones
Asesoría de narración: Terry Flaherty
Diseño: Joe Anderson
Composición: Picture Window Books
Las ilustraciones de este libro se crearon con medios digitales.
Traducción y composición: Spanish Educational Publishing, Ltd.
Coordinación de la edición en español: Jennifer Gillis/Haw River Editorial

Picture Window Books
5115 Excelsior Boulevard
Suite 232
Minneapolis, MN 55416
877-845-8392
www.picturewindowbooks.com

Copyright © 2007 Picture Window Books Derechos reservados. Ninguna
parte de esta obra puede ser reproducida sin consentimiento por escrito
del Editor. El Editor no se responsabiliza del uso de ninguno de los materiales
o métodos descritos en este libro, ni de los productos de ellos.

Impreso en los Estados Unidos de América.

Library of Congress Cataloging-in-Publication Data
Rau, Dana Meachen, 1971-
[Fluffy, flat, and wet. Spanish]
Altas y bajas, blancas y grises : un libro sobre las nubes / por Dana Meachen
Rau ; ilustrado por Denise Shea ; traducción Sol Robledo.
p. cm. — (Ciencia asombrosa)
ISBN-13: 978-1-4048-3216-9 (library binding)
ISBN-10: 1-4048-3216-5 (library binding)
ISBN-13: 978-1-4048-2511-6 (paperback)
ISBN-10: 1-4048-2511-8 (paperback)
1. Clouds—Juvenile literature. 2. Weather—Juvenile literature.
I. Shea, Denise, ill. II. Title. III. Series.
QC921.35.R3818 2007
551.57'6—dc22   2006027341

Contenido

Agua en el cielo

Tú tomas un vaso de agua. Tu amiga toma chocolate caliente. El agua de tu vaso es un líquido y los cubitos de hielo son sólidos. El vapor que sale del chocolate caliente es un gas. El agua puede ser un líquido, un sólido o un gas.

Las nubes son agua. Están formadas por gotitas de agua y pedacitos de hielo.

DATO CURIOSO

El hielo, la nieve y el granizo son ejemplos de agua sólida. El vapor de una tetera es gas. El agua en forma líquida está por todas partes: en el mar y en tu tina.

DATO CURIOSO

¿Por qué no se caen las gotitas de
las nubes? Las gotitas de agua y
de hielo son tan pequeñas y livianas
que el aire las sostiene.

Cómo se forman las nubes

Las nubes se forman cuando el aire está lleno de agua. El Sol calienta el aire húmedo y éste sube al cielo como burbujas. Las burbujas de aire se enfrían al subir. El agua del aire se transforma de gas a líquido o sólido. Entonces se forma una nube.

Cirros y estratos

Mira el cielo. Verás que no todas las nubes son iguales.
Hay distintas clases de nubes.

Los cirros están muy alto en el cielo. Son de hielo.
Parecen plumas, colas de caballo o cabellos.

Los estratos son nubes bajas de agua. Cubren el cielo
como una gran sábana gris.

DATO CURIOSO
Los estratos que están muy cerca del suelo forman la neblina.

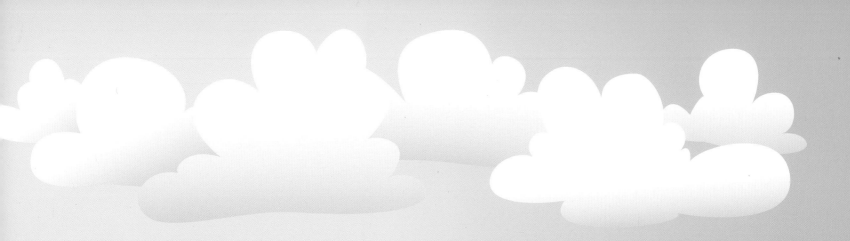

Cúmulos y nimbos

A veces parece que el cielo está cubierto de conos de helado o de algodones de azúcar. Esas nubes esponjosas se llaman cúmulos.

A veces las nubes esponjosas son de color gris oscuro, en vez de blanco. Traen lluvia. Se llaman nimbos.

DATO CURIOSO
Podemos ver las nubes y predecir
el tiempo.

DATO CURIOSO

Las gotitas de las nubes son muy pequeñas. Se necesitan 100 gotitas para formar una gota de lluvia.

¡Se cae el cielo!

¿Te proteges con un paraguas cuando llueve?
¿Te gusta brincar en los charcos?

Las gotitas de la nube se unen y forman una gota
de lluvia. Cuando la gota crece y pesa, cae. ¡Y llueve!

DATO CURIOSO

Todos los copos de nieve son diferentes. Pero tienen una cosa en común: tienen seis lados.

14

El agua congelada

Cuando las nubes se enfrían mucho, el agua se congela
y forma pedacitos de hielo. Los pedacitos de hielo
se unen y forman copos de nieve. Después caen.
Si caen muchos, podrás hacer un muñeco de nieve.

15

Los rayos

Si vemos las nubes desde abajo, se ven tranquilas y quietas. Pero dentro de la nube pasan muchas cosas. Si sopla un viento fuerte, las gotitas se rozan o se estrellan. Ese movimiento crea una chispa que sale de la nube. La chispa se llama rayo.

DATO CURIOSO

¿Alguna vez has caminado en calcetines sobre una alfombra y después has tocado el metal de una puerta? ¿Viste una chispa? Las nubes también producen chispas. Son los rayos.

Nubes de tormenta

Los tornados son nubes que traen fuertes tormentas.
Un tornado es una nube en forma de embudo que toca
el suelo. Gira con vientos muy fuertes. Cuando hay
tornados, tienes que protegerte en el sótano o dentro
de un cuarto seguro.

DATO CURIOSO
Antes de un tornado, el cielo se ve verde, las nubes se mueven muy rápido y el viento ruge.

DATO CURIOSO

Las nubes no son blancas o grises todo el tiempo. Cuando el Sol sale o se pone, su luz se refleja en las nubes y se ven anaranjadas, rosadas, azules y moradas.

20

Los cambios de las nubes

Las nubes siempre cambian. El viento las empuja. El Sol las seca.
Cuando llueve, descargan toda el agua hasta que desaparecen.

Mira el cielo. ¿Esa nube parece un castillo? ¿Parece una almohada?
¿Parece un dragón que echa humo? Las nubes pueden ser cualquier
cosa que imagines.

Lleva un diario de nubes

Materiales:

* un cuaderno sin rayas
* un lápiz
* un termómetro exterior

Pasos:

1. Escribe la fecha en la primera página de tu cuaderno.

2. Revisa la temperatura en el termómetro y escríbela.

3. Escribe cómo está el tiempo. ¿El cielo está despejado? ¿Está gris? ¿Está lluvioso o soleado? ¿Nieva?

4. Dibuja las nubes que ves en el cielo. ¿Parecen palomitas de maíz? ¿Parecen ondas de arena?

5. Haz lo mismo todos los días a la misma hora. Escribe la fecha y la temperatura, y dibuja las nubes en una página nueva de tu cuaderno cada día.

6. Después de un mes, observa todo tu cuaderno. ¿Qué nubes había en los días soleados? ¿Y en los lluviosos? ¿Qué nubes había en los días fríos y calientes?

7. Ahora que tienes un diario de nubes, ¿puedes observar el cielo y predecir el tiempo?

Sobre las nubes

Muchas nubes

Hay otras clases de nubes además de los cirros, los estratos, los cúmulos y los nimbos. Los nombres de las nubes dependen de su forma y de su altura en el cielo.

Tapas y panqueques

La tierra también afecta la forma de las nubes. A veces se forman unas nubes que parecen tapas en la cima de las montañas. Las que parecen un montón de panqueques se forman sobre las praderas.

Vistas desde arriba

Nosotros vemos las nubes desde abajo. Pero las personas que viajan en avión pueden verlas desde arriba. Los astronautas tienen la vista más alta desde las naves espaciales.

Otros planetas

Nosotros tenemos nubes en la Tierra porque tenemos agua. Ningún otro planeta del sistema solar tiene agua, pero muchos tienen nubes. Las nubes de otros planetas están formadas por gases. Esos gases forman nubes azules, anaranjadas y café.

La fuerza de la fricción

Cuando dos objetos se tocan, producen fricción. Cuando las gotitas de una nube se tocan, producen fricción. La fricción produce una chispa eléctrica que conocemos como rayo.

Glosario

fricción—roce de una superficie con otra
líquido—sustancia que se puede verter
predecir—decir lo que sucederá en el futuro
rayo—electricidad producida por la fricción en una nube
sólido—sustancia que tiene forma
tornado—tormenta de viento con una nube en forma de embudo que toca el suelo

Aprende más

En la biblioteca

de Paola, Tomie. *El libro de las nubes.*
Nueva York: Holiday House, 1993.

Mayes, Susan. *¿Qué hace llover?*
Argentina: Lumen, 1998.

Saunders-Smith, Gail. *Las nubes.*
Mankato, MN: Capstone Press, 2004.

En la red

FactHound ofrece un medio divertido
y confiable de buscar portales de la red
relacionados con este libro. Nuestros
expertos investigan todos los portales
que listamos en FactHound.

1. Visite *www.facthound.com*
2. Escriba una palabra relacionada con este
   libro o escriba este código: 1404811346
3. Oprima el botón FETCH IT.

¡FactHound, su buscador de confianza,
le dará una lista de los mejores portales!

Busca más libros de la serie Ciencia asombrosa:

Caliente y brillante: Un libro sobre el Sol

Giran en el espacio: Un libro sobre
los planetas

Luz de noche: Un libro sobre la Luna

Puntos de luz: Un libro sobre las estrellas

Sobras del espacio: Un libro sobre cometas,
asteroides y meteoroides